Henri Baudrillart

Le Crédit agricole

Histoire

ISBN : 978-1721280551

10 9 8 7 6 5 4 3 2 1

Henri Baudrillart

Le Crédit agricole

Histoire

Table de Matières

Introduction

La question du crédit agricole paraît être entrée dans une phase nouvelle qui accroît, si elle ne les assure pas complètement, les chances d'une solution si longtemps retardée. Il ne faudrait pas croire pourtant que les motifs invoqués pour la faire échouer ne se renouvelleront pas, même contre ces nouvelles formes plus praticables. Attendons-nous, lorsqu'elle va reparaître devant les chambres après maint échec, à voir se reproduire les mêmes objections générales, auxquelles s'ajouteront celles qu'on peut opposer à chacune des combinaisons dont le crédit agricole est susceptible. Il n'est donc pas inutile de reprendre et d'examiner à nouveau ces fins de non-recevoir, et de montrer que celles qui reposaient sur une apparence de réalité ont beaucoup perdu de leur force en présence des faits qui se sont modifiés. C'est par là que nous commencerons cette étude, où nous nous proposons non de mettre sous les yeux du lecteur avec détail les institutions de ce genre qui existent à l'étranger, mais de rechercher ce qu'il est possible de faire chez nous, sans négliger ce que nous pouvons nous assimiler de ces institutions, sans imitation servile.

Section I

Avouerai-je que j'attache à répondre à la première de ces objections, à la plus décisive puisqu'elle supprimerait la question elle-même, un sentiment d'amour-propre national, fort déplacé sans doute dans cet ordre de considérations, s'il ne se joignait ici à un froissement douloureux pour notre patriotisme une atteinte dommageable aux intérêts les plus élevés et les plus positifs. N'oublions pas que presque tous les nouveaux projets de crédit agricole s'adressent à une classe nombreuse, et non plus à quelques grands propriétaires, et que les idées d'association et de mutualité s'y trouvent impliquées. Or, on commence par nous en déclarer incapables. On assure que ce peuple, qui passait pour le plus sociable de tous, cesse entièrement de l'être quand il faut en venir à quelque utile application. On met en jeu la race qui s'y montre réfractaire, et on nous fait entendre que, dans ces matières, notre péché originel est de n'être pas d'origine germanique. A quoi peut-être on pourrait répondre que les Italiens n'en sont pas davantage et qu'ils pratiquent à merveille l'association et le crédit agricole. Mais passons : reconnaissons non notre incapacité, mais jusqu'à présent notre infériorité, en nous demandant si elle ne s'explique pas par des causes auxquelles il n'est pas impossible de remédier. La question en vaut la peine. L'usage du crédit, étendu à des couches de la société qui en sont habituellement sevrées, présente une importance morale aussi bien qu'un intérêt économique et politique de premier ordre. Il suppose dans la masse un degré d'avancement intellectuel et moral dont il n'y a pas lieu de faire fi. La prévoyance, la fidélité aux engagements, la confiance qui fait qu'on n'a pas toujours l'argent à la main, cette possibilité d'entente réciproque qui permet de créer des institutions destinées à développer à la fois l'épargne et l'esprit d'entreprise qui la féconde, ce ne sont pas là qualités indifférentes. La loi du monde moderne nous fait de ces vertus modestes une nécessité, sous peine de déchéance. Les peuples ne sont pas libres d'avoir ou de n'avoir pas un puissant capital appliqué à leur agriculture et à leur industrie. Sans ce capital, ils ne sauraient satisfaire ni aux besoins d'une société civilisée, en temps de paix, ni aux frais de la guerre, devenus de plus en plus absorbants, ni aux luttes de la concurrence. Le crédit, pris dans son ensemble, fait partie de l'outillage immense et compliqué qu'exigent ces nécessités d'ordres divers. Otez cette pièce essentielle, tous les ressorts du mécanisme industriel et commercial risquent de se désagréger et le mouvement de s'arrêter. A sa place et dans sa mesure, le crédit spécial dont nous avons à nous occuper ne dément pas ces assertions. Nous prendrions donc difficilement notre parti d'être en quelque sorte exclus de ses avantages par la raison générale que nous répugnons à l'association, si nous ne trouvions heureusement dans des circonstances historiques, dont l'effet va s'affaiblissant, l'explication de l'insuffisance dont on nous accuse et dont nous sommes le premier à nous plaindre. Voilà près d'un siècle qu'en vertu d'une loi de la révolution, bien souvent rappelée, on nous interdit l'association, interdiction levée seulement en 1884, et l'on s'étonne que nous ayons fait peu de progrès dans cette carrière presque absolument fermée ! Permettez-nous de nous étonner bien davantage de la rapidité vraiment soudaine avec laquelle les syndicats agricoles se sont formés, multipliés jusqu'à compter des millions d'adhérents, enfin mis à l'œuvre avec autant d'intelligence que d'activité dans ces mêmes campagnes auxquelles on imputait spécialement, et non sans raison, leur esprit d'isolement !

N'a-t-on pas nié aussi jusqu'à l'utilité du crédit pour l'agriculture, où, dit-on, il ne trouverait pas sa place, comme s'il y avait une industrie quelconque, faisant des achats et des ventes, qui n'eût besoin de quelque crédit. Il n'en est aucune à laquelle il ne soit nécessaire pour mener à bien une entreprise, pour franchir des moments difficiles, pour continuer les affaires courantes, pour parer à des pertes éprouvées et pour qu'on ne soit pas obligé de vendre avec précipitation au lieu d'attendre l'occasion favorable. Qu'est-ce donc si on se reporte aux circonstances actuelles ? A entendre certaines personnes, on serait tenté de se croire au temps de l'agriculture patriarcale ; elles tiennent un langage qui aurait été à peine acceptable quand il n'y avait ni voies de communications, ni échange de produits hors du rayon le plus limité, ni instruction primaire et agricole, ni machines, ni méthodes perfectionnées. Aujourd'hui, tous ces instruments de progrès existent ; ils influent sur la production du sol, et non moins sur les relations des hommes entre eux. C'est une situation vraiment nouvelle. Nous n'exagérons rien en affirmant que les sciences appliquées à l'agriculture sont en train d'opérer une de ces révolutions silencieuses qui, pour n'avoir pas l'éclat de celles qui se produisent sur la scène politique, ne sont pas moins profondes et sont plus certainement profitables. La fécondité de celle qui se fait sous nos yeux est incalculable. La chimie transforme, à la lettre, la terre en un laboratoire, et la terre-usine a pour conséquence inévitable l'agriculture-industrie. A mesure qu'elle adopte les procédés industriels, c'est-à-dire l'emploi du capital sur une grande échelle et la division du travail, elle est entraînée, par une pente fatale, à adopter aussi les procédés du commerce. On alléguerait en vain que ces nouveautés s'appliquent seulement à la grande culture intensive, il s'en faut de beaucoup qu'elles ne s'appliquent qu'à elle seule. La culture maraîchère, par exemple, qui est faite par de petits cultivateurs, achète une masse énorme d'engrais et fait une quantité considérable d'achats et de ventes. Il faut en dire autant de l'horticulture, devenue une branche si riche de l'industrie agricole. Il en est de même des autres petits cultivateurs, ou au moins d'un très grand nombre d'entre eux, qui ont besoin d'avances pour acheter des instruments, du bétail et ces mêmes engrais chimiques dont l'action est si rapide et si énergique. Chaque année en voit augmenter la consommation, depuis qu'on les débite par fractions, et que la surveillance des syndicats en assure la bonne qualité contre les manœuvres frauduleuses qui avaient tant contribué à les empêcher de se répandre. Il n'est pas jusqu'aux moyens préservatifs et curatifs des maladies de certaines plantes, comme la vigne, qu'ils ne se soient mis à employer abondamment. Toutes ces opérations rapprochent l'agriculteur de l'industriel et du commerçant. Qu'elles ne suffisent pas à le confondre absolument avec eux au point de vue du crédit, nous n'y contredisons pas : mais les différences se sont fort amoindries. Il y a des « affaires agricoles, » il y en a une masse équivalant à une quantité de millions sans proportion avec le passé, voilà ce qu'on ne peut mettre en doute, et, ce qui n'est pas moins certain, c'est la pensée de chercher dans l'agriculture des profits au sens industriel du mot. On est même allé jusqu'à définir l'économie rurale : l'art de gagner de l'argent par la culture du sol, et il n'y a pas lieu de s'en scandaliser. C'est la proclamation d'un fait qui n'ôte rien à l'agriculture de ses avantages moraux et à la vie rurale des charmes qu'elle peut avoir pour elle-même. Mais s'il y a toujours eu quelque niaiserie à la considérer comme une simple idylle, ou si c'était trop la rabaisser que de n'y voir qu'une occupation bonne à laissera de pauvres paysans, la même erreur serait aujourd'hui le plus impardonnable des anachronismes. L'agriculture étant une affaire, c'est un non-sens de refuser systématiquement à celui qui travaille la terre à l'aide de ses capitaux les facultés légales de crédit qu'on accorde à un fabricant. Toutes réserves faites en faveur de quelques ménagements dans l'application, en principe on ne peut qu'approuver ce que dit l'auteur d'un livre instructif sur le *Crédit agricole en Allemagne*, M. E. Le Barbier, ingénieur et agronome : « L'agriculteur est un industriel qui, à l'aide d'éléments chimiques qu'il exploite, et de machines, les unes animées, les autres inanimées, fabrique du blé, de la viande, des fruits, des légumes, etc. Pourquoi refuser à celui qui vend les bœufs les avantages que vous concédez, sans discuter, à celui qui vend la viande ? Pourquoi retirer à celui qui vend le blé des droits que vous reconnaissez à celui qui vend le pain ? Pourquoi celui qui élève des moutons, fabrique la laine, ne serait-il pas l'égal de celui qui la transforme en vêtements et de celui qui vend ces vêtements ? Et pourtant il ne l'est pas, car on lui refuse l'aide dont toutes les affaires se servent journellement ; on ne lui reconnaît même pas le droit d'y avoir recours. » Nous ne disons pas autre chose.

Mais voici une assertion qui ne nous paraît pas moins hardie que celle qui affirme l'inutilité du crédit dans l'agriculture. On nous dit que le crédit agricole existe et que par conséquent nous n'avons rien à demander. Le crédit agricole existe : quelle étonnante nouvelle ! Hâtons-nous donc de contempler ses œuvres que nos yeux n'avaient pas su découvrir. On verra qu'elles se réduisent à quelques rudiments, et pourvu qu'on ne nous donne pas pour une chose achevée ce qui n'est qu'un commencement, un symptôme heureux, nous ne demandons pas mieux de tenir compte des exemples qu'on en cite ; ils prouvent que le crédit a su faire parfois sa trouée à travers les obstacles législatifs et réussi à se créer quelques organes à l'état d'ébauche. On met en avant le papier agricole souscrit par les engraisseurs de bétail de la Nièvre, et accepté par la Banque de France. Le fait, qui remonte à 1865, est d'autant plus digne de remarque que l'initiative a été prise par un directeur de la succursale de la Banque de France à Nevers, qui, frappé du mouvement d'argent provoqué par l'engraissement du bétail et de l'exactitude des cultivateurs nivernais à tenir leurs engagements, songea à s'en faire une clientèle. Ces cultivateurs étaient déjà en relation avec des banques locales, mais à des conditions onéreuses pour eux et gênantes pour ces banques elles-mêmes, contraintes par la nécessité de ce genre de commerce à recevoir en masse les dépôts d'argent au commencement de l'automne, et à les restituer à la fois aux premiers jours du printemps. Gros embarras pour des établissements peu considérables, mais qui cessait d'en être un pour la Banque de France. Les comptes-rendus portent qu'il fut ainsi possible, en dix ou onze ans, à partir de 1867, de fournir de 130 à 140 millions à l'agriculture de la Nièvre, avec un profit pour elle évalué à environ 25 millions, cela sans un seul protêt, sans un seul retard de vingt-quatre heures ! Cet exemple n'était pas d'ailleurs isolé, puisque les succursales de la banque avaient déjà, dans d'autres provinces, en Normandie notamment, accueilli du papier agricole, pour des sommes importantes. Sans contester la valeur d'un pareil exemple, il n'est pas besoin de faire observer qu'il ne s'applique qu'à une faible partie de cette branche de l'industrie agricole qui, ayant pour objet la vente du bétail, relève elle-même du commerce autant que de l'agriculture. On cite quelques autres spécimens du crédit agricole dans notre pays, se rapportant à des travaux qui font un moindre usage des capitaux, et par là ils nous intéressent encore davantage, parce qu'ils se rattachent à ce petit crédit dont la constitution nous préoccupe, et qui reste à l'état de *desideratum*. Il est dans la nature de l'association en vue de produire ou de consommer d'appeler le crédit, et de l'obtenir pour peu qu'elle présente des garanties morales et matérielles. C'est ainsi qu'en Italie les sociétés de secours mutuels ont plus d'une fois fait naître les petites banques également mutuelles, et notamment que, de la société de secours de Bologne faisant de petits prêts à ses membres, une petite banque s'est détachée en prenant ses fondateurs et ses bénéficiaires parmi les membres de cette même société. On ne peut trop admirer, parmi ces banques locales étrangères, l'association appelant l'association plus complète et le crédit : tout se groupe dans cet organisme où, autour d'une banque populaire plus importante, rayonnent de petites succursales dans les villages et dans les bourgs environnants. Les faits rares, et un peu menus, où chez nous l'association suscite le crédit, sont beaucoup moins longs à énumérer. On est réduit à les chercher çà et là. Ainsi, on constate dans une localité du Doubs, à Mamirolles, une fromagerie, où les associés, qui y réunissent le lait, obtiennent des livraisons de tourteaux à des conditions avantageuses et avec des facilités de paiement, sous la seule garantie des fromages restés en cave. Un autre exemple, dont il a été fait quelque bruit, et, selon nous, non sans raison à titre d'indice favorable, c'est ce qui a lieu à Poligny, où l'on peut voir l'adjonction du crédit mutuel à un syndicat agricole fonctionner heureusement depuis plusieurs années. La manière dont a été fondée cette association ne paraîtra pas indigne d'intérêt à ceux qui, tout en voulant que l'on compte avant tout sur l'initiative des populations, admettent pourtant en certains cas le concours des classes plus aisées pour former le premier fonds et pour contribuer de leurs lumières et de leur zèle à une bonne administration. Il y a eu à Poligny un premier apport formé par les membres fondateurs, se contentant d'un intérêt plus modique et renonçant à faire des emprunts pour leur compte. Les membres sociétaires reçoivent 5 pour 100 d'intérêt. Ils souscrivent des actions de 50 francs et doivent en verser au moins le quart. La durée des prêts va de trois mois à un an. L'administration est gratuite ; la Banque de France admet à l'escompte les billets souscrits par cette société de crédit mutuel. Elle n'est pas très ancienne ; elle date de 1885 ; mais chaque année a vu s'accroître son succès.

Faudra-t-il nous arrêter davantage au danger qu'on redoute de placer cet instrument du crédit entre les mains du paysan ? Cette défiance, et le droit que nous nous arrogeons de mettre par suite toute une classe en tutelle relativement à la faculté d'emprunter, nous paraissent relever de prétentions qui ne sont en rapport ni avec les principes de notre droit public, ni avec les nécessités du présent. Il est difficile de comprendre qu'on traite en mineur le paysan investi de tous les droits civils et du droit de suffrage, pour une chose qui regarde ses intérêts les plus immédiats. En vérité, les adversaires du crédit agricole abusent des déclarations d'incapacité. Après les incapacités de race, voici les incapacités de classe. Dix-huit millions d'individus déclarés indignes pour cause d'ignorance ! Nous voudrions savoir ce qui autorise cette imputation. Dans le fait, ce sont les paysans qui ont su le mieux faire leurs affaires depuis 1789. Ils ont acheté le sol, ils l'ont fécondé dans les plus petits recoins, et fertilisé, comme on l'a rappelé souvent, jusqu'au roc stérile ; ils ont augmenté la plus-value de la petite propriété dans une proportion supérieure à celle des domaines étendus. Et sous quel prétexte les expulser ici en quelque sorte du droit commun ? Est-ce parce qu'ils ont subi parfois des entraînements et compromis des épargnes confiées à des mains peu sûres ? Nous dirions en ce cas : que ceux qui n'ont pas péché leur jettent la première pierre. Ce n'est donc pas nous, hommes des classes dites dirigeantes, qui nous sommes embarqués dans plus d'une aventure financière, dont l'exemple a pu contribuer à y jeter aussi les campagnes ! Infaillibles et impeccables, il nous appartient sans doute de priver autrui de l'usage légitime de peur de l'abus ! Est-ce l'usure que l'on craint ? Mais quel plus sûr contrepoids a-t-elle que ces institutions mêmes qui opposent le grand jour de la publicité et des capitaux à prix modéré à un commerce clandestin et ruineux ?

Nous devons d'ailleurs placer ici une importante observation, qui ôte tout fondement aux dangers qu'on redoute, et qui rentre dans ce que nous avons appelé les « nouvelles formules » du crédit agricole. On y fait, à côté de l'emprunt en argent, la part très large, quelquefois principale, à l'avance d'instruments et de matières avec garantie de billets trouvant des répondants, et qu'acceptent des banques. Il y a même une école qui semble faire bon marché de l'emprunt en argent et ne s'attache qu'au crédit en nature, ce qui est aller un peu trop loin, selon nous. Cette conception domine dans le projet de loi récemment présenté à la chambre, sur lequel nous aurons à revenir, et elle a été mise en avant dans un journal spécial avec beaucoup de force par un habile défenseur, M. Billette, qui l'a résumée en ces lignes : « Faciliter aux fournisseurs l'escompte des billets à ordre qu'ils reçoivent de leur clientèle rurale en règlement de leurs factures. » On n'a plus le droit, dans ces conditions, de se faire une arme préventive des périls que peut offrir l'emprunt d'argent, on n'a plus à redouter que le cultivateur y cherche un moyen de payer ses dettes, d'acheter de la terre à tout prix, et d'augmenter sans profit ses consommations pour satisfaire à des besoins de luxe ou de confortable. C'est au capital d'exploitation que ce procédé profiterait, et il n'y a que lui qui soit intéressant dans cette question du crédit agricole.

Est-il vrai enfin que l'agriculture ne réalise pas assez de profits pour offrir au crédit des garanties suffisantes ? Il semble pourtant qu'une branche de production dont le capital mobilier est évalué à 8 milliards présente un assez beau gage. Mais tenons-nous-en à ce qu'on allègue des profits agricoles. On dit que l'industriel qui emprunte à 5 pour 100 peut rembourser capital et intérêt et s'enrichir par-dessus le marché, tandis que, la terre ne rapportant que 2 ou 3 pour 100, tout emprunt à un taux égal devient illusoire ou dangereux. On ne s'aperçoit pas que ceux qui raisonnent de la sorte commettent une assez grosse erreur de fait. Un pareil calcul ne comprend que la part du propriétaire et omet les profits du fermier. Dans l'absence de fermage, par exemple, dans le cas de la petite propriété faisant valoir directement et économisant en grande partie les frais de la main-d'œuvre, comment supposer une moyenne aussi faible, et s'imaginer que les cultivateurs consacreraient à la terre leurs capitaux et un labeur quotidien infini pour arriver à un si médiocre résultat ? Si l'on réunit tout ce qui constitue le revenu territorial, ce n'est pas à 3, c'est à 7 ou 8 et même parfois jusqu'à 10 qu'il s'élève, de l'avis commun des statisticiens et des agronomes. Or, le prêt, dans les pays à crédit agricole, se fait à un taux bien inférieur à 5 pour 100 ; il dépasse rarement 3, laissant ainsi une marge suffisante pour le remboursement et pour une part raisonnable de bénéfices.

Quant à dire que l'agriculture exige de longs crédits, parce que ses opérations se font à longue échéance, ce qui crée une difficulté de plus, nous reconnaissons qu'il y a là quelque chose de vrai, non pas toutefois sans faire d'importantes réserves. Il existe une certaine succession dans la série des productions et des ventes qui permet plus qu'on ne le dit d'espacer les échéances. Le blé, la betterave, la vigne, les fourrages, les légumes, les cultures industrielles, la vente de la laine, celle du bétail, ne sont pas toujours l'objet d'opérations simultanées, et la récolte des céréales ne se vend pas elle-même en une fois. Cette succession donne aux échéances plus d'élasticité qu'on ne le suppose communément. Il y a, au reste, des exemples qui prouvent qu'il n'est pas impossible d'accorder à l'agriculture les longs crédits dont elle a besoin. Dans le système des banques Raïffeisen, établies dans la province du Rhin, l'argent prêté l'est à long terme et est remboursable à échéances successives. Ces banques prêtent à trois mois, à six mois, à un an, etc., et même par exception jusqu'à dix ans. Dans les longs prêts, le débiteur est tenu d'amortir la dette par annuités. Cette durée étendue des prêts est même un des principes de ces associations, qui agissent d'ailleurs dans un cercle étroit et doivent rigoureusement s'abstenir de toute spéculation.

En terminant cette partie de notre examen, toute consacrée à la réfutation des objections de fond qui ont pour but d'éliminer le crédit agricole en le faisant regarder comme une illusion et un leurre, nous ne croyons pas inutile de faire observer que les considérations précédentes s'appliquent, à des titres et à des degrés divers, aux différentes formes que comporte ce genre de crédit. En définitive, ces formes se réduisent à deux, si l'on écarte l'organisation d'une banque d'État ou d'une caisse centrale ; ces deux formes, qui admettent elles-mêmes des variétés dont nous n'avons pas à tenir compte en ce moment, sont, d'une part, ce qu'on peut appeler le crédit « individuel, » soit qu'on s'adresse à un seul prêteur, soit qu'on ait recours à des banques locales affectées spécialement à ce service de prêt ou à des caisses de dépôt qui s'en chargent accessoirement, et, d'autre part, le crédit « mutuel, » qui, comme le nom l'indique, repose sur la garantie réciproque des associés et sur leur responsabilité solidaire, illimitée ou limitée, selon les cas. Telles sont, entre toutes, les fameuses banques populaires allemandes Schultze-Delitzsch, dont les bases essentielles sont, à travers certaines différences d'organisation, communes aux banques de crédit mutuel existant dans d'autres états. Les banques constituées sur ce type reçoivent en compte courant les fonds de leurs adhérents, cultivateurs, artisans, ouvriers, et les utilisent dans le rayon où leur action se déploie. Voilà, — et il n'était pas hors de propos de le rappeler, — le caractère vraiment constitutif des banques agricoles populaires. On comprend que la conséquence d'une telle organisation est d'engager les membres solidairement unis à s'imposer un choix sévère dans le recrutement des associés. Cette sélection, faite par les intéressés eux-mêmes, est une première garantie dont on ne saurait exagérer l'importance. Outre ses effets économiques, elle expliquerait à elle seule l'enthousiasme avec lequel la plupart de ceux qui s'en sont occupés ont parlé de ces banques de crédit mutuel comme d'une école de morale. On y trouve l'union admirable de deux sentiments, séparés trop souvent jusqu'à l'opposition, celui de la responsabilité et celui de la solidarité. Loin de s'y contrarier, ils s'y fortifient l'un par l'autre. Cette police de l'opinion entre gens de mêmes classes, distribuant et cotant l'estime réciproque, est une façon efficace entre toutes de maintenir en haleine la surveillance que chacun exerce sur soi-même, et un des procédés les plus sûrs qu'on puisse imaginer pour élever le niveau des populations. Les garanties d'ordre moral ne sauraient toutefois tenir lieu absolument des garanties matérielles. On ne saurait entrer dans un tel genre d'association donnant droit au crédit sans une mise de fonds qui représente un gage. Dirons-nous que celui qu'exigent les banques Schultze-Delitzsch n'est pas bien gros ? Il est de 50 marks, et encore l'associé qui n'est pas en état de s'en acquitter immédiatement a la ressource de s'engager sous caution à le fournir à un assez court délai. Tels sont les caractères essentiels de ce « crédit mutuel » que nous ne désespérons pas de voir s'établir un jour en France, sans que nous élevions notre ambition jusqu'à espérer qu'il y reçoive le magnifique développement qu'il a reçu dans des pays où l'on compte par millions les adhérents. Sachons-le pourtant : il n'a pas manqué de gens en Allemagne pour crier à l'utopie quand de pareils plans ont été proposés. Combien l'illustre fondateur Schultze-Delitzsch n'a-t-il pas été bafoué ! Si quelque chose avait pu paraître justifier l'incrédulité à l'égard de nouveautés si hardies, n'était-ce pas surtout la possibilité de contracter des emprunts même assez forts en l'absence de gages matériels, moyennant la garantie solidaire d'un ou de plusieurs associés ? On sait pourtant de quelle manière victorieuse l'expérience a répondu à ces objections autrement fondées en apparence que celles qui sont dirigées chez nous contre des projets infiniment plus modestes, désormais dégagés de l'alliage compromettant d'idées chimériques avec lesquelles on continue trop souvent à les solidariser.

Section II

Pour s'expliquer ces oppositions qui dépassent de beaucoup la mesure des difficultés réelles, on doit se dire en effet que le crédit agricole paie encore, par les défiances dont il est l'objet, la rançon des erreurs d'une première période pleine de confusion, à peu près comme les fautes de jeunesse continuent longtemps à peser sur la réputation de l'homme mûr venu à résipiscence. Cette période se place dans les années qui précèdent et dans celles qui suivent immédiatement 1848. Années qui ont véritablement un caractère à part, marquées comme d'un signe par les rêves de tout genre en politique et en économie sociale, où l'on s'abandonnait à la croyance dans le progrès indéfini avec une confiance sans limites, où l'impatience d'arriver au bien absolu faisait imaginer qu'on pouvait l'atteindre à grandes enjambées ! Il n'était question que de gratuité pour le crédit comme pour le reste. A l'aide du crédit on supprimait le paupérisme. A l'aide du crédit, la dette usuraire disparaissait dans les campagnes comme dans les villes. On résolvait tous les problèmes par l'indication de ce mot magique : l'État. C'était la clé mystérieuse qui ouvrait toutes les portes et faisait découvrir tous les trésors, qu'il était facile de tenir pleins avec l'argent des contribuables. C'était avec l'État que des gens, qui peut-être maudissaient Louis Blanc et qui avaient horreur du mot de socialisme, songeaient à organiser le crédit agricole, tant ce demi-socialisme, qui mettait à la charge de la communauté tantôt un service, tantôt l'autre, était en quelque sorte dans l'air ! C'est vers la fin du règne de Louis-Philippe que l'on commença à s'occuper un peu sérieusement de cette question du crédit agricole, assez ancienne d'ailleurs, car on la trouve posée dans l'assemblée provinciale du Berry en 1787. Une commission spéciale fut nommée sous le nom un peu ambitieux de « congrès agricole central. » Disons tout de suite qu'elle fit quelques bonnes choses. Elle s'occupa de la réforme du régime hypothécaire, en vue, d'après les termes du vote qui fut émis, « de porter plus exactement à la connaissance des prêteurs sur hypothèques l'état véritable du gage qui leur est offert et des charges qui pourraient le grever. » A ce vœu se joignait celui d'une banque qui servît d'intermédiaire et qui fût aux mains, soit de l'État, soit d'une association de propriétaires. Ces délibérations visaient surtout, comme on le voit, la fondation du crédit foncier, qu'un économiste zélé pour ce genre d'institutions qu'il avait étudiées en Europe, Louis Wolowski, devait contribuer à établir en France. On sait ce qu'il en advint. Appelée à prendre le plus grand développement, l'institution, primitivement conçue en vue des campagnes, profitait particulièrement aux villes, venant juste à point pour favoriser le mouvement imprimé à la propriété bâtie par Napoléon III. Le crédit agricole n'était pourtant pas oublié dans le même congrès. Le rapporteur, M. Darblay, faisait adopter un vœu pour que le privilège du propriétaire relativement au gage de l'agriculteur fût limité par celui du prêteur. Hors de là, on ne sortait guère de conceptions sans précision. On s'égarait dans des projets où l'État était investi des fonctions de distributeur du crédit. C'était donner beau jeu à ceux qui ne voulaient entendre à aucune réforme et qui, disposés à trouver bien tout ce qui existait, même le régime hypothécaire, écartaient avec dédain toutes ces nouveautés et échappaient à la nécessité des solutions, comme leurs successeurs continuent à le faire, en niant les questions mêmes.

Nous n'aurons garde d'énumérer tous les projets échafaudés à la même époque sur le papier-monnaie, jeté en pâture, par de pâles imitateurs de Law et des mandats territoriaux de 1796, à l'agriculture souffrant du manque des capitaux, que l'impôt des 45 centimes avait achevé de mettre en déroute. Qu'il nous suffise de rappeler qu'un de ces projets présentés à l'assemblée constituante de 1848 n'allait pas à moins qu'à créer immédiatement 2 milliards de billets hypothécaires ayant cours forcé, à répartir entre tous les départements, tellement que M. Mathieu de la Drôme put paraître modéré en se bornant à proposer plus tard une émission de 400 millions de billets ayant cours forcé et qui auraient le nom de « billets de la république. » C'était ensuite le tour d'un ministre de l'agriculture non moins généreux, M. Tourret, de demander aussi des millions à titre de prêt fait aux agriculteurs. Voilà ce qu'on appelait le crédit agricole en ce temps où le désir sincère du bien public et un amour ardent de l'agriculture soudainement allume dans tous les cœurs se donnaient carrière dans toutes sortes de projets. Malheureusement, il est moins facile d'enrichir l'agriculture que de lui rendre hommage en faisant figurer dans des programmes de fêtes des bœufs à cornes dorées. Rendons justice aux assemblées de ce temps-là ; bien qu'inexpérimentées et cédant trop facilement à d'honnêtes illusions, elles eurent le bon sens de repousser ces propositions. C'est, nous n'hésitons pas à le dire, ce qui continue à nous rassurer. Le vent du socialisme d'état a beau souffler : nous sommes convaincu que l'idée d'une banque agricole gouvernementale réunirait à peine une poignée de partisans. Quant au vrai socialisme, il a élevé plus haut ses visées. Il ne demande pas moins que la nationalisation du sol. Nous pouvons le dire avec satisfaction : il n'est pas aujourd'hui une seule formule de crédit agricole qui ne suppose au moins le sentiment de la profonde incompatibilité de toute institution de ce genre avec les besoins de l'agriculture. On ne méconnaît plus le péril qu'il y aurait à engager une banque centrale dans les risques d'entreprises dont elle n'aurait que très imparfaitement les moyens d'apprécier les chances de succès. S'il y a une venté acceptée, une sorte d'axiome placé au-dessus de toutes les controverses, c'est que le crédit agricole doit être avant tout local et personnel ; la mutualité ne lui ôte pas ce dernier caractère, loin de là : point de crédit mutuel sans informations prises sur place, sans contact immédiat avec les populations. On ne peut pas plus donner ce crédit en le faisant partir de Paris ou de toute autre ville qu'on ne peut diriger la guerre à distance du fond d'un cabinet ; l'on s'expose dans le premier cas à la ruine, comme dans le second on court risque de la défaite. N'est-ce rien que de trouver aujourd'hui le terrain déblayé d'une conception fausse qui l'encombrait naguère et qui compromettait la cause aux yeux des meilleurs esprits ?

En somme, si on ne peut citer chez nous aucune expérience en faveur du crédit agricole, et cela pour cause, puisqu'il est interdit sous les formes qui lui donneraient la vie et l'organisation, on ne saurait alléguer non plus aucune expérience contraire ; car il serait très injuste de tirer la moindre conclusion défavorable de l'échec que l'établissement qui portait ce nom dut subir, après avoir été inauguré en 1857. Il eut l'unique mérite, dont il convient de lui savoir gré, de comprendre qu'il ne devait aucunement se confondre avec le crédit hypothécaire à longue échéance, et de viser l'exploitation du sol à laquelle il se proposait de venir en aide. Malheureusement, c'était encore un établissement centralisé, dirigé par le même gouverneur que le Crédit foncier. S'il faut mettre à l'acquit de cette institution quelques idées justes, si elle répudiait ces papiers territoriaux non convertibles qui prétendent s'imposer par le cours forcé, si le but qu'elle poursuivait était de se rendre utile aux agriculteurs en s'offrant à vérifier les billets qu'ils auraient souscrits, à les recevoir et à les réescompter à la Banque de France, du moins ne fallait-il pas compromettre cette tâche déjà trop difficile en la compliquant par de dangereux accessoires et surtout par des spéculations n'ayant rien de commun avec l'agriculture. Enfin, une vue plus complètement nette du problème à résoudre achevait de se faire jour. Quelques écrits paraissaient qui annonçaient une notion plus exacte des conditions du crédit qu'il s'agissait d'organiser. On n'a pas oublié, même aujourd'hui, tel de ces écrits mieux inspirés, par exemple, celui où M. de Crisenoy exposait un plan qui avait le double mérite de faire avant tout appel à l'initiative privée, et de marquer le rôle que devait jouer la mutualité dans la constitution de banques agricoles disposant d'un capital-actions, augmenté jusqu'à une certaine limite par les clients devenus actionnaires, comme dans l'*Union du crédit de Bruxelles*, et d'un capital provenant des dépôts, à l'exemple des banques d'Ecosse. A coup sûr, les difficultés n'auraient pas manqué dans la voie ouverte par de tels projets, mais l'orientation était meilleure, et on ne pouvait guère demander plus à la même époque. La part des Sociétés d'agriculture aura été grande et méritoire dans l'élaboration qui marqua cette période préparatoire. Rien n'y manqua : enquêtes étendues à toute la France par la Société centrale qui siège à Paris, discussions approfondies, rapports savants empreints d'un caractère pratique. On y envisageait les difficultés avec une grande fermeté de coup d'œil sans qu'on s'en laissât décourager ; car, ce qui est à remarquer surtout, c'est la persistance, la ténacité avec laquelle ces compagnies reviennent à la charge pour réclamer le crédit agricole, c'est-à-dire la faculté de l'établir. Je ne puis me dispenser de rappeler quelques-unes de ces manifestations qui montrent l'importance qu'y attachent ces corps qu'on peut considérer comme une représentation de l'agriculture française. En date du 29 décembre 1883, après avoir déjà à maintes reprises fait de la question l'objet de ses délibérations, la *Société nationale d'agriculture* était mise en demeure par le ministre compétent de s'occuper du crédit agricole. Ce fut l'occasion de nouveaux vœux, faisant suite à ceux qu'elle avait émis en 1862 : vœu pour établir le bail à cheptel dans des conditions de pleine liberté, pour constituer le nantissement sans tradition, en des cas déterminés, vœu pour étendre les privilèges du prêteur sur certains meubles, etc. L'enquête de 1889, la plus complète de toutes, consignée en deux volumes par la Société, aboutissait à un rapport de M. Josseau, dont la compétence était connue dans ces questions de crédit foncier et de crédit agricole. Ce rapport motivait avec force les conclusions favorables, appuyées sur tous les faits nouveaux que l'expérience avait mis en lumière. Qu'une cause soit soutenue avec une telle persévérance par une société composée à la fois de savants illustres et d'agriculteurs, il nous semble qu'il a là une indication dont nos chambres auraient à tenir quelque compte. Une autre Société, celle des agriculteurs de France, qui compte des milliers d'adhérents, presque tous cultivateurs *pratiquants*, ne s'est pas ménagée davantage au service des mêmes pensées de réforme, et si nous ne rappelons pas les vœux qu'elle a énoncés à plusieurs reprises, c'est pour ne pas mettre la patience des lecteurs à l'épreuve en multipliant ces témoignages.

Mais comment ne pas dire un mot de la position prise par le congrès international d'agriculture à l'Exposition universelle de

1889 ? Dans cette réunion de propriétaires, de cultivateurs et de savants nationaux et étrangers, accourus en très grand nombre, on peut dire que presque toutes les questions actuelles relatives à l'économie et à la législation agricoles ont été examinées. On s'organisa en sections, on se réunit en séances publiques. Le crédit agricole y tint sa place au premier rang. Tous les systèmes comparurent, toutes les solutions furent proposées. Dans la section, M. E. Labiche, sénateur, rédigeait un rapport dont les conclusions étaient toutes en faveur de ce genre de crédit qui ne rencontra, au reste, que des adhésions. En séance publique, M. Léon Say ouvrit le feu, si l'on peut parler ainsi, par une conférence qui n'était à quelques égards que le commentaire des idées développées dans l'étude où il avait décrit avec plus d'ampleur et de précision qu'on ne l'avait fait encore le mécanisme des banques agricoles dans la Haute-Italie. Il y rappelait ce qui s'était fait à l'étranger à l'aide de la mutualité, et tout en insistant sur les difficultés qui pouvaient venir en France, soit de la part des hommes, soit de celle des choses, il ne croyait pas les obstacles insurmontables ; il cherchait la solution dans des combinaisons variées qui ne compromettaient rien en permettant des essais faits avec prudence et destinés selon toute vraisemblance à devenir féconds. Nous aurons à y revenir en parlant des moyens d'organisation proposés. Mais il faut d'abord jeter un coup d'œil sur la nature des obstacles législatifs qui s'opposent à toute réalisation du crédit agricole. Hâtons-nous de dire seulement, en ce qui touche le congrès international, qu'il ne voulait pas se séparer sans charger son bureau de former une commission ayant pour objet de poursuivre cette tâche, et qu'une fois nommée,[1] cette commission se réunissait plus d'une fois et aboutissait à dégager les éléments d'un projet de loi rédigé par son président. C'est ce projet qui est actuellement soumis aux délibérations de la chambre des députés et que nous apprécierons en son lieu.

---

1 Cette délégation se composait de MM. Méline, président ; Gomot, ancien ministre de l'agriculture ; Baudouin, sénateur du royaume des Pays-Bas ; Foucher de Careil, Emile Labiche, sénateurs ; Ribot, député ; Louis Passy, député, secrétaire perpétuel de la Société nationale d'agriculture ; marquis de Dampierre, président de la Société des agriculteurs de France ; Tisserand, directeur de *l'Agriculture* ; Baudrillart, membre de l'Institut ; Henri Besnard et Jules Bénard, de la Société nationale d'agriculture ; Thellier, président honoraire de la Société des agriculteurs du Nord ; Sagnier, directeur du *Journal d'Agriculture* ; Tardit, auditeur au conseil d'état, secrétaire.

Section III

Toutes les propositions de crédit agricole sont venues échouer devant des obstacles opposés par la législation, qui n'a pas cessé de se dresser aujourd'hui contre les projets du même genre. Le crédit fait par simples avances de marchandises, dont nous avons cherché à donner plus haut une idée, simplifierait, disons-le tout d'abord, extrêmement les difficultés. Un fournisseur n'a guère l'habitude, comme le remarque le principal promoteur de ce projet, M. Billette, de demander des garanties matérielles, un gage, comme le fait un capitaliste pour faire un prêt d'argent ; il se contente de la solvabilité de son client qui résulte de sa bonne renommée et de l'ensemble de sa situation. Mais ce même fournisseur veut avoir lui-même la possibilité de faire escompter sa créance, s'il a besoin de ses fonds avant l'échéance. Cela se réduit donc à une sorte de déplacement des personnes demandant l'escompte des billets. Dans les autres systèmes, l'agriculteur le demande directement à une banque ; dans celui-ci, c'est le fournisseur pourvu du billet que le dernier a souscrit, qui doit se mettre en rapport avec un établissement de crédit. Par là tombe l'objection relative à la difficulté qu'aurait un agriculteur d'obtenir les trois signatures qui sont nécessaires pour qu'un billet à ordre puisse entrer régulièrement dans la circulation commerciale, c'est-à-dire « banquable, » comme on dit en langage technique. On ne voit pas en effet non plus que les fournisseurs exigent trois signatures pour accorder un crédit, c'est à eux encore qu'il appartiendrait de trouver les deux signatures solidaires de la première. Les défenseurs du même projet vont plus loin : ils demandent la création d'une banque nationale de l'agriculture qui consentirait à escompter le papier agricole ayant six ou huit mois à courir ; il lui serait adjoint une banque agricole départementale et des caisses agricoles de cantons. Il n'est pas besoin de remarquer qu'une telle organisation n'a rien de commun avec le système des grandes banques centrales qui prétendent distribuer le crédit d'en haut ; ce serait la simple substitution d'un autre mécanisme à la Banque de France pour ce genre spécial d'opérations. Nous nous abstiendrons de discuter cette partie du projet ; il suffit que nous ayons exposé les raisons qui militent en faveur des idées principales sur lesquelles il s'appuie.

Mais pourquoi prétendrait-il à être à lui seul tout le crédit agricole ? Pourquoi l'emprunt en serait-il exclu systématiquement ? Il n'y a en conséquence nul moyen de se soustraire à l'examen de ce qui concerne le gage sans lequel il n'est pas possible à un crédit complet de se constituer. Mais ici, en vérité, notre embarras est grand. Si l'on soutient que l'article 2076 du Code civil n'est plus en rapport avec le caractère industriel et commercial de l'agriculture, on risque fort de se brouiller avec les légistes, ou tout au moins avec ceux d'entre eux qui regardent comme des profanateurs ceux qui osent toucher au code civil, et ces profanateurs, nous le craignons, ont été plus d'une fois les économistes. Faut-il rappeler combien il a fallu livrer de batailles pour obtenir la révision de la loi de 1807 qui limitait à 6 pour 100 le taux de l'intérêt en matière commerciale ? Près de quatre-vingts ans se sont écoulés avant d'arriver à ce résultat de nature, disait-on, à provoquer des catastrophes, que fort heureusement nous sommes encore à attendre. Quant à la limitation en matière civile, elle continue à faire bonne contenance, et il ne tiendra pas à ses partisans que tous les raisonnements qu'ont pu faire là-dessus un Turgot et un Bentham ne prennent patience jusqu'à la consommation des siècles avant de pénétrer dans la loi. Hâtons-nous d'en faire la déclaration : nous avons pour la grande œuvre du code civil toute l'admiration qu'elle mérite, et nous sommes convaincu que, malgré ses défauts et ses lacunes, elle est le résumé à peu près le plus judicieux qui pût être fait de l'état des choses et des esprits au lendemain de la révolution. Mais pourquoi ne pas reconnaître avec Rossi qu'au point de vue économique le code présente ces lacunes et ces défauts qui ont cessé de le maintenir en rapport suffisant avec les réalités ? Osons donc dire avec les défenseurs du crédit agricole que l'article 2076 empêche d'utiliser comme gages des valeurs agricoles importantes, qui pourraient facilement et sûrement en servir, parce qu'il exige qu'elles soient mises en la possession du prêteur ou d'un tiers accepté. C'est exclure tout ce qui n'est pas susceptible de déplacement, comme les récoltes pendantes, ou ce qui ne pourrait être déplacé sans priver l'exploitant de matières et d'instruments nécessaires à l'exercice de son industrie. On ne saurait donc s'étonner que les partisans du crédit agricole réclament l'élargissement de clauses trop restrictives. Pour y échapper, on a demandé que le gage pût servir de caution sans déplacement. Ainsi constitué, il offrirait d'abondantes garanties dans le matériel agricole restant à la disposition du cultivateur qui continuerait à le faire valoir à son profit et à celui de ses créanciers. Cette idée était, au reste, ces dernières années, accueillie par le gouvernement, et un projet de loi conçu en ce sens était déposé sur le bureau du sénat. Mais cette tentative ne devait pas mieux réussir que les autres. Le sénat en repoussait le principe au nom de la même défiance invétérée de la capacité des cultivateurs qui, dit-on, ne sauraient pas s'astreindre aux formalités gênantes qui tiennent à la rédaction d'un acte civil, à son dépôt et à sa publicité. On attend en un mot que les mœurs qui conviennent à la pratique du crédit soient formées pour donner le crédit lui-même. C'est un cercle vicieux où on risque de tourner longtemps.

C'est au même ordre d'idées et aux mêmes obstacles législatifs que vient se heurter ce qu'on appelle d'un terme un peu barbare la « commercialisation » du billet. Cela signifie tout simplement que l'agriculteur souscrivant un billet serait placé au point de vue des responsabilités et de la juridiction en cas de non-paiement sur le même pied que le commerçant. N'y a-t-il pas plus d'apparence que de réalité dans la crainte qu'on en conçoit, et, sous l'impression de ce mot de faillite qui épouvante, s'est-on assez demandé si la position actuelle du cultivateur en cas de non-paiement n'est pas pire que dans la supposition où il passerait de la juridiction civile où il est aujourd'hui placé dans celle du code de commerce ? On en a fait la remarque avant nous : sous le régime de la juridiction civile, qui laisse, il est vrai, plus d'atermoiements, le jugement n'est rendu en revanche qu'après une procédure longue et coûteuse, et si le cultivateur ne peut pas payer, la poursuite dont il est l'objet aboutit à une saisie et à une vente à la criée qui consomme sa ruine. La même juridiction entraîne ce qu'on appelle la « déconfiture, » et il n'est pas difficile d'établir que la faillite qu'entraîne la juridiction commerciale est en définitive plus douce, parce qu'elle met moins d'obstacles aux arrangements et aboutit le plus souvent à un concordat ; la loi du 4 mars 1889 permet même d'y substituer la liquidation judiciaire pour le débiteur de bonne foi. L'agriculteur aurait donc plus de moyens de se relever qu'il n'en a sous le régime auquel il est soumis actuellement. Quant aux atermoiements, croit-on que la nécessité d'une exactitude plus rigoureuse n'ait pas aussi ses bons côtés en lui inspirant ce qu'on a nommé le sentiment de l'échéance ? Quand on se servait des coches et des autres petites voitures qui attendaient les voyageurs, personne n'arrivait à l'heure ; tout le monde est exact depuis les chemins de fer.

Devra-t-on conclure pourtant que le refus de commercialiser le billet du cultivateur, en limitant à l'excès les facilités du crédit, lui en ferme absolument toutes les issues ? En s'opposant à cette assimilation du cultivateur au commerçant, on a allégué que l'article 637 du code de commerce admet la juridiction consulaire pour les billets à ordre qui portent à la fois la signature de négociais et de non négociants. C'est également dans ces termes que s'est tenu le congrès international, ainsi que la Société des agriculteurs de France. Leurs votes ne tendent à assimiler l'agriculteur au commerçant que dans les cas déterminés où lui-même consent en quelque sorte à être traité comme tel en bénéficiant des mêmes avantages, mais en encourant les mêmes responsabilités. C'est un système incomplet, mais on a pu croire qu'on ménageait mieux ainsi certains scrupules de l'opinion prompte à s'alarmer.

En définitive, on peut dire que le travail législatif n'a abouti à rien jusqu'ici en matière de crédit agricole, sinon sur un point unique qui n'est peut-être pas le plus important, la limitation dans une certaine mesure du privilège du propriétaire quant au gage relativement au prêteur, votée par le sénat. Le crédit agricole est-il réservé à un meilleur avenir dans les discussions qui vont s'ouvrir ? La proposition de loi, en ce moment soumise à la chambre des députés, dont nous avons indiqué l'origine, mérite une attention particulière par la nouveauté du plan projeté, qui la rattache aux syndicats agricoles. S'il ne comprend pas toutes les formes de ce crédit, il répond à celui qui se fait par avances de marchandises, et s'applique aussi bien aux artisans des campagnes qu'aux cultivateurs, à l'image de ce qui se passe en Ecosse et dans la plupart des pays où des banques populaires se trouvent établies au milieu des populations rurales. L'innovation se réduit à conférer aux syndicats la faculté de s'immiscer dans ces opérations, comme ils s'occupent déjà aujourd'hui de la vente et des achats des matières et instruments utiles au cultivateur. Sans être aucunement obligés de se mêler de ces opérations, les syndicats y seraient seulement autorisés, et leur décision à cet égard dépendrait du bon vouloir de leurs membres et des besoins des localités. Leur rôle consisterait à examiner la solvabilité de ceux qui demandent le crédit et à leur servir de répondant, comme cela se pratique dans les banques populaires. Il ne serait pas très difficile à ces associations, composées d'hommes investis de la confiance générale et appartenant au pays, de mesurer, comme dit le rapport, la capacité de crédit de ceux qui ont besoin d'obtenir du temps pour payer. L'exposé des motifs insiste avec raison sur les conditions d'un fonctionnement dans lequel tout serait à jour, la nature des opérations, les ressources des syndicats, la part des responsabilités de leurs adhérents dans les engagements pris par eux. Le syndicat serait tenu à une comptabilité régulière et ne laisserait aucune ouverture à la spéculation, par l'interdiction d'émettre des actions ou litres donnant droit à une part proportionnelle dans les bénéfices. Pour former le capital, on n'aurait recours qu'aux cotisations dos agriculteurs et aux souscriptions que les membres du syndicat seraient autorisés à verser en compte courant. Si ce n'est pas là toute l'économie, ce sont là les lignes principales d'un projet qui réduit la tâche des syndicats à recevoir les billets souscrits aux fournisseurs et à y mettre leur garantie. On prévoit le cas où les syndicats ne se borneraient plus à donner leur signature, mais où ils consentiraient à faire directement à leurs adhérents des avances en nature. L'exposé des motifs fait remarquer que ce changement ne modifierait pas les chances de sécurité en rendant sans doute l'emprunt nécessaire. Il est probable qu'il se formerait des banques locales pour en fournir les fonds et qu'en tout cas la Banque de France ne refuserait pas ses services qu'elle accorde déjà dans certains cas aux agriculteurs.

Un mot ne sera pas ici de trop sur ce rôle de la Banque de France dans le crédit agricole. On a soutenu plus d'une fois qu'il était rendu impossible tant que la Banque de France aurait seule le privilège d'émettre des billets. C'est aller trop loin, selon nous. S'il est vrai que cette interdiction nous ôte le moyen d'avoir l'analogue des banques d'Ecosse, elle ne ferme pas pour cela la carrière à des combinaisons d'une application utile et féconde. Même en laissant intact le privilège de la Banque de France, qui n'est pas d'ailleurs en question, on n'est pas dans l'obligation de renoncer à former des banques locales. Il y a même déjà quelques essais en ce

27

genre, à Angers, par exemple, et il s'est établi à Senlis une banque formée par des cultivateurs, qui s'est constituée on société à capital variable, avec actions de 500 francs donnant droit à un crédit égal. Cette combinaison permet d'acheter en commun des matières et des instruments payables dans le délai de trente jours ; mais elle ne se refuse pas à accepter des billets à quatre-vingt-dix jours ou à six mois, et c'est la Banque de France qui les escompte. Tout récemment, la Société des agriculteurs de France émettait ce double vœu : 1° que le gouvernement encourage la formation et le fonctionnement des sociétés mutuelles de crédit agricole ; 2° qu'à l'occasion du renouvellement du privilège de la Banque de France, il obtienne que le papier présenté à l'escompte par ces sociétés soit accepté avec des délais de remboursement et à un taux en rapport avec les nécessités et les profits de l'agriculture. On invoque l'exemple des grandes banques italiennes d'émission, particulièrement du *Banco di Napoli*, qui montre qu'un taux d'escompte plus favorable et des renouvellements plus étendus peuvent être attribués à des sociétés de crédit mutuel.

Le projet soumis à la chambre ne parle pas du concours que pourraient prêter les caisses d'épargne au crédit agricole. Nous comprenons les motifs de cette réserve sans être tenu de l'imiter. Il est de toute évidence qu'une grande prudence s'impose lorsqu'on soulève une question qui touche de si près à la sûreté des placements de l'épargne populaire. Mais ici encore il est permis d'invoquer l'autorité des faits, et on est en outre amené à s'interroger sur la situation particulière où nos caisses d'épargne se trouvent placées. On ne peut ignorer que ces caisses ont, chez des peuples voisins, rendu d'éminents services par des prêts sagement ménagés aux agriculteurs. Ne pourraient-elles être appelées au même office en France, avec toutes les précautions requises ? La question a dû se poser d'autant plus naturellement que l'emploi des fonds de ces caisses est devenu le plus embarrassant des problèmes, depuis que le chiffre exorbitant de trois milliards et demi a été atteint. Ce résultat, comme on le sait, comporte malheureusement de tout autres explications que le progrès, réel d'ailleurs, de l'épargne populaire. Le chiffre surélevé de l'intérêt y a attiré les capitaux de toutes les classes. On se trouve donc en face d'un capital stérilisé, et, d'autre part, de la perspective vraiment effroyable pour l'État, d'être exposé au danger d'une demande écrasante de remboursements. Les économistes les plus clairvoyants, les financiers les plus expérimentés ont signalé ce péril, qui va croissant puisque, selon la juste remarque de M. Paul Leroy-Beaulieu, dans une discussion récente à l'Académie des sciences morales et politiques, il n'y a aucune raison, s'il n'y est pas porté remède, pour que cette somme n'aille s'accumulant indéfiniment jusqu'à des chiffres qui sembleraient fabuleux. De son côté, M. Buffet déclarait, à la même occasion, que, pour sortir de cette redoutable impasse, il n'y aurait pas lieu de reculer même devant un emprunt. Assurément, ce n'est pas l'autorisation de faire quelques prêts agricoles qui modifierait sensiblement cette situation ; mais il pourrait y avoir là un emploi utile d'une partie de ces fonds. Une telle mesure pourrait être autorisée dans des cas restreints et entourée de toutes les garanties de sécurité que peut conseiller la sagesse la plus timorée. C'est la thèse qu'a soutenue M. Léon Say, et, à la vérité, on ne voit pas clairement ce qu'il y aurait de si hasardeux à autoriser quelques caisses à faire de ces prêts limités, pris sur une partie des fonds de ce qui constitue leur avoir, leur fortune particulière, distincte, on le sait, des épargnes déposées. On peut se demander de même pourquoi des caisses libres ne feraient pas les mêmes opérations qui se font, par exemple, en Belgique. N'est-ce pas une idée toute conforme aux services et à l'histoire même des banques, de vouloir faire aboutir les dépôts aux prêts, de manière à rendre, pour ainsi dire, par petits ruisseaux au travail honnête et intelligent, qui se charge de les féconder, les sommes que l'épargne a accumulées dans un commun réservoir ?

Cette façon de procéder a donné les plus heureux résultats dans les pays où elle a été mise en œuvre, et il n'est pas facile d'apercevoir pourquoi, appliquée avec mesure, elle n'aurait pas chez nous quelques-uns des mêmes avantages. Bien loin de créer des dangers pour les placements, ces caisses, et en général les banques locales agricoles, leur en ont ouvert qu'on peut regarder comme les plus sûrs qui existent. Au lieu de se jeter dans des prêts aléatoires à l'étranger, ou dans des entreprises qui spéculent sur la crédulité de dupes prêtes à donner dans le piège, les petits capitaux trouveraient là des placements à leur portée, d'une entière sécurité, et la petite propriété rurale pourrait s'y procurer le crédit à des conditions modérées. C'est, en effet, dans cette petite et moyenne clientèle qu'est, selon nous, et nous l'avons assez fait entendre dans toute cette étude, l'avenir de ces institutions dans un pays comme le nôtre, où les capitaux et les terres sont également divisés. Qui ne serait frappé de ce que peut être cette petite clientèle en voyant les banques populaires de l'Allemagne et de l'Italie, et, dans ce dernier pays, notamment les banques fondées par Leone Wallemborg ? Un calcul fait sur 2,235 sociétaires donne une grande majorité pour les cultivateurs ayant moins de 2 hectares, ou de 2 à 5 hectares et de 5 à 20, à 30 au plus ; mais ces derniers forment l'exception. Ces caisses ne dépassent pas le cercle le plus restreint, la commune, quelquefois le hameau ; leurs sociétaires sont des paysans n'ayant d'autres ressources que leur travail et qui sont loin d'être plus avancés que les nôtres. Ils se groupent, et ce groupe solidaire offre des garanties suffisantes, puisqu'il trouve à se procurer les moyens de crédit.— Si l'on objectait que ces caisses, et en général les banques populaires en Italie et en Allemagne, ne se sont fondées que par le concours de quelques propriétaires apportant, au début, l'aide de leur zèle et de leur argent, nous demanderions si l'on croit que les nôtres en feront moins et qu'il ne s'en trouvera pas sur plusieurs points de la France pour rendre les mêmes services à l'origine de ces établissements. N'est-ce pas grâce au concours de ces bourgeois, de ces riches, qu'on accuse si facilement de ne rien faire pour les autres classes, que les caisses d'épargne elles-mêmes ont été fondées à l'époque de la restauration, et n'est-ce pas aussi le cas des sociétés de secours mutuels et de la plupart des institutions de prévoyance ? Aujourd'hui encore, nous en voyons se produire de nouveaux exemples pour la construction des habitations ouvrières. Cette aide accordée aux entreprises d'utilité populaire par les plus aisés aux plus pauvres, à laquelle on a donné le beau nom de devoir social, est dans l'esprit comme dans les nécessités de notre époque. Elle est, en même temps qu'une œuvre d'humanité, un sage calcul politique, et elle peut être aussi un bon calcul économique pour ceux qui, sans chercher la fortune dans des œuvres où la philanthropie a sa part, se contentent, quand ils ne peuvent aller jusqu'au sacrifice complet, d'un intérêt modique de leurs capitaux.

Nous ne pouvons nous résigner à croire que la France continuera à faire une aussi triste figure, en matière de crédit agricole, devant des nations qui ont réalisé à cet égard ce qu'on peut nommer sans exagération de véritables merveilles. On a publié le bilan de ces banques, et, dans un récent volume qui contient les statuts de toutes les banques populaires et fournit à leur sujet d'utiles indications théoriques et pratiques, M. Alphonse Courtois résumait cette étonnante statistique par des chiffres qu'on serait tenté de taxer d'invraisemblance si leur réalité n'était dûment attestée. C'est ainsi qu'il existe en Belgique 20 banques populaires ayant en dépôt 7 à 8 millions de francs ; en Italie, 641 banques, avec 500 millions de dépôts ; en Hongrie, 530, avec 50 millions de francs de dépôts ; en Autriche, près de 1,400, avec 600 millions de dépôts ; en Russie, 859, avec un chiffre de dépôts que nous ignorons ; en Allemagne, plus de 3,000, à savoir : 2,160 du système Schultze-Delitzsch, avec près de 1,200 millions de francs, et 1,000 à 1,200 du système Raiffeisen, dont le chiffre des dépôts nous est inconnu. En France, on aurait peine à arriver au chiffre de 10 ! C'est en nous adressant à des types de crédit variés, par essais successifs ou simultanés, que, sans réaliser d'ici à longtemps, sans doute, des résultats aussi prodigieux, nous aurons chance de nous tirer de la nullité où nous sommes relativement au crédit agricole. La législation peut nous y aider moins par des secours directs qu'en cessant d'y faire obstacle. C'est alors seulement que nous serons en situation de juger ce que vaut l'imputation qu'on nous adresse de manquer de toutes les qualités qui font qu'on peut faire un heureux usage du crédit dans nos campagnes. S'il est vrai, comme nous nous sommes efforcé de l'établir, que les obstacles viennent moins des difficultés intrinsèques que de la suspicion où on tient la possibilité du succès, nous pensons qu'il serait bon de nous prémunir contre des dispositions trop décourageantes. On nous a accusés plus d'une fois de manquer de modestie, n'allons pas maintenant par un excès contraire, par une déclaration tout au moins prématurée d'impuissance, tomber dans cette extrême défiance de soi-même qui empêche d'agir. Qu'on se décide seulement à faire un pas, l'humilité des débuts n'aura rien qui nous inquiète. Gardons-nous surtout de nous laisser aller à cette singulière lassitude, qui n'attend pas d'avoir agi, et de désespérer de la moisson avant d'avoir semé. Tout a été dit sur la question, il est temps de se mettre à l'œuvre.

ISBN : 978-1721280551